Rnd 25: Slip st in first ch-2 sp, ch 2, (dc, ch 2, work Cluster) in same sp, ch 2, ★ † skip next ch-2 sp, sc in next ch-3 sp, (ch 3, sc in next ch-3 sp) twice, ch 2, skip next ch-2 sp, work (Cluster, ch 2, Cluster) in next ch-2 sp, ch 5, (sc, ch 3, sc) in center ch of next ch-5, ch 5 †, (work Cluster, ch 2) twice in next ch-2 sp; repeat from ★ 19 times **more**, then repeat from † to † once; join with slip st to first dc: 189 sps.

Rnd 26: Slip st in first ch-2 sp, ch 2, (dc, ch 2, work Cluster) in same sp, ch 2, ★ † skip next ch-2 sp, sc in next ch-3 sp, ch 3, sc in next ch-3 sp, ch 2, skip next ch-2 sp, work (Cluster, ch 2, Cluster) in next ch-2 sp, ch 5, (sc, ch 3, sc) in center ch of next ch-5, ch 5, skip next ch-3 sp, (sc, ch 3, sc) in center ch of next ch-5, ch 5 †, (work Cluster, ch 2) twice in next ch-2 sp; repeat from ★ 19 times **more**, then repeat from † to † once; join with slip st to first dc: 210 sps.

Rnd 27: Slip st in first ch-2 sp, ch 2, (dc, ch 2, work Cluster) in same sp, ch 2, ★ † skip next ch-2 sp, sc in next ch-3 sp, ch 2, skip next ch-2 sp, work (Cluster, ch 2, Cluster) in next ch-2 sp, ch 5, (sc, ch 3, sc) in center ch of next ch-5, ch 5, [skip next ch-3 sp, (sc, ch 3, sc) in center ch of next ch-5, ch 5] twice †, (work Cluster, ch 2) twice in next ch-2 sp; repeat from ★ 19 times **more**, then repeat from † to † once; join with slip st to first dc: 231 sps.

Rnd 28: Slip st in first ch-2 sp, ch 2, (dc, ch 2, work Cluster) in same sp, ch 2, ★ † skip next ch-2 sp, sc in next sc, ch 2, skip next ch-2 sp, work (Cluster, ch 2, Cluster) in next ch-2 sp, ch 5, (sc, ch 3, sc) in center ch of next ch-5, ch 5, [skip next ch-3 sp, (sc, ch 3, sc) in center ch of next ch-5, ch 5] 3 times †, (work Cluster, ch 2) twice in next ch-2 sp; repeat from ★ 19 times **more**, then repeat from † to † once; join with slip st to first dc: 273 sps.

Rnd 29: Slip st in first ch-2 sp, ch 1, sc in same sp, skip next 2 ch-2 sps, sc in next ch-2 sp, ch 5, (sc, ch 3, sc) in center ch of next ch-5, [ch 5, skip next ch-3 sp, (sc, ch 3, sc) in center ch of next ch-5] 4 times, ★ ch 5, sc in next ch-2 sp, skip next 2 ch-2 sps, sc in next ch-2 sp, ch 5, (sc, ch 3, sc) in center ch of next ch-5, [ch 5, skip next ch-3 sp, (sc, ch 3, sc) in center ch of next ch-5] 4 times; repeat from ★ around, ch 2, dc in first sc to form last ch-5 sp: 231 sps.

Rnd 30: Slip st in same sp and in next ch-5 sp, ch 1, sc in last slip st made, (ch 3, sc in same st) 3 times, ch 1, skip next ch-3 sp, [sc in center ch of next ch-5, (ch 3, sc in same st) 3 times, ch 1, skip next ch-3 sp] 4 times, ★ slip st in each of next 2 ch-5 sps, ch 1, sc in last slip st made, (ch 3, sc in same st) 3 times, ch 1, skip next ch-3 sp, [sc in center ch of next ch-5, (ch 3, sc in same st) 3 times, ch 1, skip next ch-3 sp] 4 times; repeat from ★ around; join with slip st to first slip st, finish off.

See Washing and Blocking, page 1.

2. AFTERNOON TEA

Finished Size: 17¾" diameter

MATERIALS
Bedspread Weight Cotton Thread (size 10): 365 yards
Steel crochet hook, size 6 (1.80 mm) **or** size needed for gauge

GAUGE SWATCH: 2¼" diameter
Work same as Doily through Rnd 4.

STITCH GUIDE

TREBLE CROCHET *(abbreviated tr)*
YO twice, insert hook in st indicated, YO and pull up a loop (4 loops on hook), (YO and draw through 2 loops on hook) 3 times.

BEGINNING DECREASE *(uses next 2 dc)*
Ch 2, ★ YO, insert hook in **next** dc, YO and pull up a loop, YO and draw through 2 loops on hook; repeat from ★ once **more**, YO and draw through all 3 loops on hook.

DECREASE *(uses next 3 dc)*
★ YO, insert hook in **next** dc, YO and pull up a loop, YO and draw through 2 loops on hook; repeat from ★ 2 times **more**, YO and draw through all 4 loops on hook.

CLUSTER *(uses one st or sp)*
★ YO, insert hook in st or sp indicated, YO and pull up a loop, YO and draw through 2 loops on hook; repeat from ★ once **more**, YO and draw through all 3 loops on hook.

DOILY

Ch 8; join with slip st to form a ring.

Rnd 1 (Right side)**:** Ch 1, 16 sc in ring; join with slip st to first sc.

Rnd 2: Ch 3 **(counts as first dc, now and throughout)**, dc in next sc, ch 4, (dc in next 2 sc, ch 4) around; join with slip st to first dc: 16 dc and 8 ch-4 sps.

Rnd 3: Slip st in next dc, ch 3, 2 dc in next ch-4 sp, ch 4, skip next dc, ★ dc in next dc, 2 dc in next ch-4 sp, ch 4, skip next st; repeat from ★ around; join with slip st to first dc: 24 dc and 8 ch-4 sps.

Rnd 4: Slip st in next dc, ch 3, dc in next dc, 2 dc in next ch-4 sp, ch 4, skip next dc, ★ dc in next 2 dc, 2 dc in next ch-4 sp, ch 4, skip next st; repeat from ★ around; join with slip st to first dc, do **not** finish off: 32 dc and 8 ch-4 sps.

Continued on page 5.

Rnd 5: Slip st in next dc, ch 3, dc in next 2 dc, 3 dc in next ch-4 sp, ch 4, skip next dc, ★ dc in next 3 dc, 3 dc in next ch-4 sp, ch 4, skip next st; repeat from ★ around; join with slip st to first dc: 48 dc and 8 ch-4 sps.

Rnd 6: Slip st in next dc, ch 3, dc in next 4 dc, 3 dc in next ch-4 sp, ch 4, skip next dc, ★ dc in next 5 dc, 3 dc in next ch-4 sp, ch 4, skip next st; repeat from ★ around; join with slip st to first dc: 64 dc and 8 ch-4 sps.

Rnd 7: Slip st in next dc, ch 3, dc in next 6 dc, 3 dc in next ch-4 sp, ch 4, skip next dc, ★ dc in next 7 dc, 3 dc in next ch-4 sp, ch 4, skip next st; repeat from ★ around; join with slip st to first dc: 80 dc and 8 ch-4 sps.

Rnd 8: Slip st in next dc, ch 3, dc in next 8 dc, 3 dc in next ch-4 sp, ch 4, skip next dc, ★ dc in next 9 dc, 3 dc in next ch-4 sp, ch 4, skip next st; repeat from ★ around; join with slip st to first dc: 96 dc and 8 ch-4 sps.

Rnd 9: Slip st in next dc, ch 3, dc in next 10 dc, 3 dc in next ch-4 sp, ch 4, skip next dc, ★ dc in next 11 dc, 3 dc in next ch-4 sp, ch 4, skip next st; repeat from ★ around; join with slip st to first dc: 112 dc and 8 ch-4 sps.

Rnd 10: Slip st in next dc, ch 3, dc in next 12 dc, 2 dc in next ch-4 sp, ch 5, skip next dc, ★ dc in next 13 dc, 2 dc in next ch-4 sp, ch 5, skip next st; repeat from ★ around; join with slip st to first dc: 120 dc and 8 ch-5 sps.

Rnd 11: Slip st in next 2 dc, ch 3, dc in next 12 dc, ch 5, sc in next ch-5 sp, ch 5, skip next 2 dc, ★ dc in next 13 dc, ch 5, sc in next ch-5 sp, ch 5, skip next 2 sts; repeat from ★ around; join with slip st to first dc: 112 sts and 16 ch-5 sps.

Rnd 12: Slip st in next 2 dc, ch 3, dc in next 10 dc, ch 5, sc in next ch-5 sp, (dc, ch 5, dc) in next sc, sc in next ch-5 sp, ch 5, skip next 2 dc, ★ dc in next 11 dc, ch 5, sc in next ch-5 sp, (dc, ch 5, dc) in next sc, sc in next ch-5 sp, ch 5, skip next 2 sts; repeat from ★ around; join with slip st to first dc: 120 sts and 24 ch-5 sps.

Rnd 13: Slip st in next 2 dc, ch 3, dc in next 8 dc, ch 5, sc in next ch-5 sp, skip next sc, (dc, ch 5, dc) in next dc, sc in next ch-5 sp, skip next dc, (dc, ch 5, dc) in next sc, sc in next ch-5 sp, ch 5, skip next 2 dc, ★ dc in next 9 dc, ch 5, sc in next ch-5 sp, skip next sc, (dc, ch 5, dc) in next dc, sc in next ch-5 sp, skip next dc, (dc, ch 5, dc) in next sc, sc in next ch-5 sp, ch 5, skip next 2 sts; repeat from ★ around; join with slip st to first dc: 128 sts and 32 ch-5 sps.

Rnd 14: Slip st in next 2 dc, ch 3, dc in next 6 dc, ch 5, sc in next ch-5 sp, skip next sc, (dc, ch 5, dc) in next dc, sc in next ch-5 sp, [skip next dc, (dc, ch 5, dc) in next sc, sc in next ch-5 sp] twice, ch 5, skip next 2 dc, ★ dc in next 7 dc, ch 5, sc in next ch-5 sp, skip next sc, (dc, ch 5, dc) in next dc, sc in next ch-5 sp, [skip next dc, (dc, ch 5, dc) in next sc, sc in next ch-5 sp] twice, ch 5, skip next 2 sts; repeat from ★ around; join with slip st to first dc: 136 sts and 40 ch-5 sps.

Rnd 15: Slip st in next 2 dc, ch 3, dc in next 4 dc, ch 5, sc in next ch-5 sp, skip next sc, (dc, ch 5, dc) in next dc, sc in next ch-5 sp, [skip next dc, (dc, ch 5, dc) in next sc, sc in next ch-5 sp] 3 times, ch 5, skip next 2 dc, ★ dc in next 5 dc, ch 5, sc in next ch-5 sp, skip next sc, (dc, ch 5, dc) in next dc, sc in next ch-5 sp, [skip next dc, (dc, ch 5, dc) in next sc, sc in next ch-5 sp] 3 times, ch 5, skip next 2 sts; repeat from ★ around; join with slip st to first dc: 144 sts and 48 ch-5 sps.

Rnd 16: Slip st in next 2 dc, work beginning decrease, ch 5, sc in next ch-5 sp, skip next sc, (dc, ch 5, dc) in next dc, sc in next ch-5 sp, [skip next dc, (dc, ch 5, dc) in next sc, sc in next ch-5 sp] 4 times, ch 5, skip next 2 dc, ★ decrease, ch 5, sc in next ch-5 sp, skip next sc, (dc, ch 5, dc) in next dc, sc in next ch-5 sp, [skip next dc, (dc, ch 5, dc) in next sc, sc in next ch-5 sp] 4 times, ch 5, skip next 2 sts; repeat from ★ around; join with slip st to top of beginning decrease: 136 sts and 56 ch-5 sps.

Rnd 17: Slip st in next 2 chs, ch 1, sc in same ch-5 sp, skip next sc, (dc, ch 5, dc) in next dc, sc in next ch-5 sp, [skip next dc, (dc, ch 5, dc) in next sc, sc in next ch-5 sp] 5 times, ★ ch 5, sc in next ch-5 sp, skip next sc, (dc, ch 5, dc) in next dc, sc in next ch-5 sp, [skip next dc, (dc, ch 5, dc) in next sc, sc in next ch-5 sp] 5 times; repeat from ★ around, ch 2, dc in first sc to form last ch-5 sp.

Rnd 18: Ch 1, (sc, ch 3, sc) in joining dc, ★ ch 7, (sc, ch 3, sc) in center ch of next ch-5; repeat from ★ around, ch 3, tr in first sc to form last ch-7 sp: 112 sps.

Rnds 19 and 20: Ch 1, (sc, ch 3, sc) in joining tr, ★ ch 7, skip next ch-3 sp, (sc, ch 3, sc) in center ch of next ch-7; repeat from ★ around to last ch-3 sp, ch 3, skip last ch-3 sp, tr in first sc to form last ch-7 sp.

Rnd 21: Ch 2, (dc, ch 2, work Cluster) in joining tr, ch 3, skip next ch-3 sp, 7 tr in center ch of next ch-7, ch 3, skip next ch-3 sp, ★ work (Cluster, ch 2, Cluster) in center ch of next ch-7, ch 3, skip next ch-3 sp, 7 tr in center ch of next ch-7, ch 3, skip next ch-3 sp; repeat from ★ around; join with slip st to first dc: 84 sps.

Doily will ruffle until Rnd 29 is complete.

Rnd 22: Slip st in first ch-2 sp, ch 2, (dc, ch 2, work Cluster) in same sp, ch 2, skip next ch-3 sp, dc in next tr, (ch 1, dc in next tr) 6 times, ch 2, skip next ch-3 sp, ★ (work Cluster, ch 2) twice in next ch-2 sp, skip next ch-3 sp, dc in next tr, (ch 1, dc in next tr) 6 times, ch 2, skip next ch-3 sp; repeat from ★ around; join with slip st to first dc: 252 sps.

Rnd 23: Slip st in first ch-2 sp, ch 2, (dc, ch 2, work Cluster) in same sp, ch 2, skip next ch-2 sp, sc in next ch-1 sp, (ch 3, sc in next ch-1 sp) 5 times, ch 2, skip next ch-2 sp, ★ (work Cluster, ch 2) twice in next ch-2 sp, skip next ch-2 sp, sc in next ch-1 sp, (ch 3, sc in next ch-1 sp) 5 times, ch 2, skip next ch-2 sp; repeat from ★ around; join with slip st to first dc: 224 sps.

Rnd 24: Slip st in first ch-2 sp, ch 2, [dc, ch 2, (work Cluster, ch 2) twice] in same sp, skip next ch-2 sp, sc in next ch-3 sp, (ch 3, sc in next ch-3 sp) 4 times, ch 2, skip next ch-2 sp, ★ (work Cluster, ch 2) 3 times in next ch-2 sp, skip next ch-2 sp, sc in next ch-3 sp, (ch 3, sc in next ch-3 sp) 4 times, ch 2, skip next ch-2 sp; repeat from ★ around; join with slip st to first dc.

Rnd 25: Slip st in first ch-2 sp, ch 2, (dc, ch 2, work Cluster) in same sp, ch 7, (work Cluster, ch 2) twice in next ch-2 sp, skip next ch-2 sp, sc in next ch-3 sp, (ch 3, sc in next ch-3 sp) 3 times, ch 2, skip next ch-2 sp, ★ work (Cluster, ch 2, Cluster) in next ch-2 sp, ch 7, (work Cluster, ch 2) twice in next ch-2 sp, skip next ch-2 sp, sc in next ch-3 sp, (ch 3, sc in next ch-3 sp) 3 times, ch 2, skip next ch-2 sp; repeat from ★ around; join with slip st to first dc.

Rnd 26: Slip st in first ch-2 sp, ch 2, (dc, ch 2, work Cluster) in same sp, ch 7, skip next ch-7 sp, (work Cluster, ch 2) twice in next ch-2 sp, skip next ch-2 sp, sc in next ch-3 sp, (ch 3, sc in next ch-3 sp) twice, ch 2, skip next ch-2 sp, ★ work (Cluster, ch 2, Cluster) in next ch-2 sp, ch 7, skip next ch-7 sp, (work Cluster, ch 2) twice in next ch-2 sp, skip next ch-2 sp, sc in next ch-3 sp, (ch 3, sc in next ch-3 sp) twice, ch 2, skip next ch-2 sp; repeat from ★ around; join with slip st to first dc: 196 sps.

Rnd 27: Slip st in first ch-2 sp, ch 2, (dc, ch 2, work Cluster) in same sp, ch 7, skip next ch-7 sp, (work Cluster, ch 2) twice in next ch-2 sp, skip next ch-2 sp, sc in next ch-3 sp, ch 3, sc in next ch-3 sp, ch 2, skip next ch-2 sp, ★ work (Cluster, ch 2, Cluster) in next ch-2 sp, ch 7, skip next ch-7 sp, (work Cluster, ch 2) twice in next ch-2 sp, skip next ch-2 sp, sc in next ch-3 sp, ch 3, sc in next ch-3 sp, ch 2, skip next ch-2 sp; repeat from ★ around; join with slip st to first dc: 168 sps.

Rnd 28: Slip st in first ch-2 sp, ch 2, (dc, ch 2, work Cluster) in same sp, ch 3, working **around** ch-7 of previous 2 rnds, sc in next ch-7 sp on Rnd 25, ch 3, (work Cluster, ch 2) twice in next ch-2 sp, skip next ch-2 sp, sc in next ch-3 sp, ch 2, skip next ch-2 sp, ★ work (Cluster, ch 2, Cluster) in next ch-2 sp, ch 3, working **around** ch-7 of previous 2 rnds, sc in next ch-7 sp on Rnd 25, ch 3, (work Cluster, ch 2) twice in next ch-2 sp, skip next ch-2 sp, sc in next ch-3 sp, ch 2, skip next ch-2 sp; repeat from ★ around; join with slip st to first dc.

Rnd 29: Slip st in first ch-2 sp, ch 2, (dc, ch 2, work Cluster) in same sp, ch 5, skip next ch-3 sp, sc in next sc, ch 5, skip next ch-3 sp, work (Cluster, ch 2, Cluster) in next ch-2 sp, ch 3, skip next ch-2 sp, sc in next sc, ch 3, skip next ch-2 sp, ★ work (Cluster, ch 2, Cluster) in next ch-2 sp, ch 5, skip next ch-3 sp, sc in next sc, ch 5, skip next ch-3 sp, work (Cluster, ch 2, Cluster) in next ch-2 sp, ch 3, skip next ch-2 sp, sc in next sc, ch 3, skip next ch-2 sp; repeat from ★ around; join with slip st to first dc.

Rnd 30: Slip st in first ch-2 sp, ch 2, (dc, ch 2, work Cluster) in same sp, ch 13, skip next 2 ch-5 sps, work (Cluster, ch 2, Cluster) in next ch-2 sp, skip next 2 ch-3 sps, ★ work (Cluster, ch 2, Cluster) in next ch-2 sp, ch 13, skip next 2 ch-5 sps, work (Cluster, ch 2, Cluster) in next ch-2 sp, skip next 2 ch-3 sps; repeat from ★ around; join with slip st to first dc: 56 ch-2 sps and 28 loops.

Rnd 31: Ch 1, sc in same st, 2 sc in next ch-2 sp, sc in next Cluster, 13 sc in next loop, sc in next Cluster, 2 sc in next ch-2 sp, ★ sc in next 2 Clusters, 2 sc in next ch-2 sp, sc in next Cluster, 13 sc in next loop, sc in next Cluster, 2 sc in next ch-2 sp; repeat from ★ around to last Cluster, sc in last Cluster; join with slip st to first sc, finish off.

See Washing and Blocking, page 1.

1. TEA TIME

Finished Size: 17" diameter

MATERIALS
Bedspread Weight Cotton Thread (size 10):
  365 yards
Steel crochet hook, size 6 (1.80 mm) **or** size needed for gauge

GAUGE SWATCH: 2¼" diameter
Work same as Doily through Rnd 4.

STITCH GUIDE

CLUSTER (uses one st or sp)
★ YO, insert hook in st or sp indicated, YO and pull up a loop, YO and draw through 2 loops on hook; repeat from ★ once **more**, YO and draw through all 3 loops on hook.

BEGINNING DECREASE (uses 2 ch-2 sps)
Ch 2, YO, insert hook in **same** sp, YO and pull up a loop, YO and draw through 2 loops on hook, YO, skip next 2 ch-3 sps, insert hook in next ch-2 sp, YO and pull up a loop, YO and draw through 2 loops on hook, YO, insert hook in **same** sp, YO and pull up a loop, YO and draw through 2 loops on hook, YO and draw through all 4 loops on hook.

DECREASE (uses next 2 ch-2 sps)
YO, † insert hook in **next** ch-2 sp, YO and pull up a loop, YO and draw through 2 loops on hook, YO, insert hook in **same** sp, YO and pull up a loop, YO and draw through 2 loops on hook †, YO, skip next 2 ch-3 sps, repeat from † to † once, YO and draw through all 5 loops on hook.

DOILY

Ch 7; join with slip st to form a ring.

Rnd 1 (Right side)**:** Ch 1, 14 sc in ring; join with slip st to first sc.

Rnd 2: Ch 5 (**counts as first dc plus ch 2, now and throughout**), dc in same st, (dc, ch 2, dc) in each sc around; join with slip st to first dc: 28 dc.

Rnds 3 and 4: Ch 5, dc in same st, skip next dc, ★ (dc, ch 2, dc) in next dc, skip next dc; repeat from ★ around; join with slip st to first dc.

Rnd 5: Ch 6, dc in same st, skip next dc, ★ (dc, ch 3, dc) in next dc, skip next dc; repeat from ★ around; join with slip st to third ch of beginning ch-6.

Rnd 6: Slip st in first ch-3 sp, ch 2, (dc, ch 2, work Cluster) in same sp, ch 2, 6 dc in next ch-3 sp, ch 2, ★ (work Cluster, ch 2) twice in next ch-3 sp, 6 dc in next ch-3 sp, ch 2; repeat from ★ around; join with slip st to first dc: 7 6-dc groups and 21 ch-2 sps.

Rnd 7: Slip st in first ch-2 sp, ch 2, (dc, ch 2, work Cluster) in same sp, ch 2, skip next ch-2 sp, dc in next dc, (ch 1, dc in next dc) 5 times, ch 2, skip next ch-2 sp, ★ (work Cluster, ch 2) twice in next ch-2 sp, skip next ch-2 sp, dc in next dc, (ch 1, dc in next dc) 5 times, ch 2, skip next ch-2 sp; repeat from ★ around; join with slip st to first dc: 56 sps.

Rnd 8: Slip st in first ch-2 sp, ch 2, **[**dc, ch 2, (work Cluster, ch 2) twice**]** in same sp, skip next ch-2 sp, sc in next ch-1 sp, (ch 3, sc in next ch-1 sp) 4 times, ch 2, skip next ch-2 sp, ★ (work Cluster, ch 2) 3 times in next ch-2 sp, skip next ch-2 sp, sc in next ch-1 sp, (ch 3, sc in next ch-1 sp) 4 times, ch 2, skip next ch-2 sp; repeat from ★ around; join with slip st to first dc.

Rnd 9: Slip st in first ch-2 sp, ch 2, (dc, ch 2, work Cluster) in same sp, ch 5, (work Cluster, ch 2) twice in next ch-2 sp, skip next ch-2 sp, sc in next ch-3 sp, (ch 3, sc in next ch-3 sp) 3 times, ch 2, skip next ch-2 sp, ★ work (Cluster, ch 2, Cluster) in next ch-2 sp, ch 5, (work Cluster, ch 2) twice in next ch-2 sp, skip next ch-2 sp, sc in next ch-3 sp, (ch 3, sc in next ch-3 sp) 3 times, ch 2, skip next ch-2 sp; repeat from ★ around; join with slip st to first dc.

Rnd 10: Slip st in first ch-2 sp, ch 2, (dc, ch 2, work Cluster) in same sp, ch 2, 7 dc in center ch of next ch-5, ch 2, (work Cluster, ch 2) twice in next ch-2 sp, skip next ch-2 sp, sc in next ch-3 sp, (ch 3, sc in next ch-3 sp) twice, ch 2, skip next ch-2 sp, ★ (work Cluster, ch 2) twice in next ch-2 sp, 7 dc in center ch of next ch-5, ch 2, (work Cluster, ch 2) twice in next ch-2 sp, skip next ch-2 sp, sc in next ch-3 sp, (ch 3, sc in next ch-3 sp) twice, ch 2, skip next ch-2 sp; repeat from ★ around; join with slip st to first dc: 7 7-dc groups and 56 sps.

Rnd 11: Slip st in first ch-2 sp, ch 2, (dc, ch 2, work Cluster) in same sp, ch 2, ★ † skip next ch-2 sp, dc in next dc, (ch 1, dc in next dc) 6 times, ch 2, skip next ch-2 sp, (work Cluster, ch 2) twice in next ch-2 sp, skip next ch-2 sp, sc in next ch-3 sp, ch 3, sc in next ch-3 sp, ch 2, skip next ch-2 sp †, (work Cluster, ch 2) twice in next ch-2 sp; repeat from ★ 5 times **more**, then repeat from † to † once; join with slip st to first dc: 91 sps.

Rnd 12: Slip st in first ch-2 sp, ch 2, (dc, ch 2, work Cluster) in same sp, ch 2, ★ † skip next ch-2 sp, sc in next ch-1 sp, (ch 3, sc in next ch-1 sp) 5 times, ch 2, skip next ch-2 sp, (work Cluster, ch 2) twice in next ch-2 sp, skip next ch-2 sp, sc in next ch-3 sp, ch 2, skip next ch-2 sp †, (work Cluster, ch 2) twice in next ch-2 sp; repeat from ★ 5 times **more**, then repeat from † to † once; join with slip st to first dc, do **not** finish off: 77 sps.

Continued on page 3.

Rnd 13: Slip st in first ch-2 sp, ch 2, (dc, ch 2, work Cluster) in same sp, ★ † ch 3, skip next ch-2 sp, (sc in next ch-3 sp, ch 3) 5 times, skip next ch-2 sp, (work Cluster, ch 2) 3 times in next ch-2 sp, skip next ch-2 sp, sc in next sc, ch 2, skip next ch-2 sp †, work Cluster in next ch-2 sp, (ch 2, work Cluster in same sp) twice; repeat from ★ 5 times **more**, then repeat from † to † once, work Cluster in same sp as first dc, ch 2; join with slip st to first dc: 84 sps.

Rnd 14: Slip st in first ch-2 sp, ch 2, (dc, ch 2, work Cluster) in same sp, ★ † ch 3, skip next ch-3 sp, (sc in next ch-3 sp, ch 3) 4 times, skip next ch-3 sp, work (Cluster, ch 2, Cluster) in next ch-2 sp, ch 5, work (Cluster, ch 2, Cluster) in next ch-2 sp, skip next 2 ch-2 sps, work (Cluster, ch 2, Cluster) in next ch-2 sp, ch 5 †, work (Cluster, ch 2, Cluster) in next ch-2 sp; repeat from ★ 5 times **more**, then repeat from † to † once; join with slip st to first dc: 77 sps.

Rnd 15: Slip st in first ch-2 sp, ch 2, (dc, ch 2, work Cluster) in same sp, ★ † ch 3, skip next ch-3 sp, (sc in next ch-3 sp, ch 3) 3 times, skip next ch-3 sp, work (Cluster, ch 2, Cluster) in next ch-2 sp, ch 5, (sc, ch 3, sc) in center ch of next ch-5, ch 5, sc in next 2 ch-2 sps, ch 5, (sc, ch 3, sc) in center ch of next ch-5, ch 5 †, work (Cluster, ch 2, Cluster) in next ch-2 sp; repeat from ★ 5 times **more**, then repeat from † to † once; join with slip st to first dc: 84 sps.

Rnd 16: Slip st in first ch-2 sp, ch 2, (dc, ch 2, work Cluster) in same sp, ★ † ch 3, skip next ch-3 sp, (sc in next ch-3 sp, ch 3) twice, skip next ch-3 sp, work (Cluster, ch 2, Cluster) in next ch-2 sp, ch 5, (sc, ch 3, sc) in center ch of next ch-5, ch 5, skip next ch-3 sp, (sc in center ch of next ch-5) twice, ch 5, skip next ch-3 sp, (sc, ch 3, sc) in center ch of next ch-5, ch 5 †, work (Cluster, ch 2, Cluster) in next ch-2 sp; repeat from ★ 5 times **more**, then repeat from † to † once; join with slip st to first dc: 77 sps.

Rnd 17: Slip st in first ch-2 sp, ch 2, (dc, ch 2, work Cluster) in same sp, ★ † ch 3, skip next ch-3 sp, sc in next ch-3 sp, ch 3, skip next ch-3 sp, work (Cluster, ch 2, Cluster) in next ch-2 sp, ch 5, (sc, ch 3, sc) in center ch of next ch-5, ch 5, skip next ch-3 sp, [(sc, ch 3, sc) in center ch of next ch-5, ch 5] twice, skip next ch-3 sp, (sc, ch 3, sc) in center ch of next ch-5, ch 5 †, work (Cluster, ch 2, Cluster) in next ch-2 sp; repeat from ★ 5 times **more**, then repeat from † to † once; join with slip st to first dc: 91 sps.

Rnd 18: Slip st in first ch-2 sp, ch 2, (dc, ch 2, work Cluster) in same sp, ★ † ch 3, skip next ch-3 sp, sc in next sc, ch 3, skip next ch-3 sp, work (Cluster, ch 2, Cluster) in next ch-2 sp, ch 5, (sc, ch 3, sc) in center ch of next ch-5, ch 5, [skip next ch-3 sp, (sc, ch 3, sc) in center ch of next ch-5, ch 5] 4 times †, work (Cluster, ch 2, Cluster) in next ch-2 sp; repeat from ★ 5 times **more**, then repeat from † to † once; join with slip st to first dc: 105 sps.

Rnd 19: Slip st in first ch-2 sp, work beginning decrease, ch 2, (sc, ch 3, sc) in center ch of next ch-5, [ch 5, skip next ch-3 sp, (sc, ch 3, sc) in center ch of next ch-5] 5 times, ch 2, ★ decrease, ch 2, (sc, ch 3, sc) in center ch of next ch-5, [ch 5, skip next ch-3 sp, (sc, ch 3, sc) in center ch of next ch-5] 5 times, ch 2; repeat from ★ around; join with slip st to top of beginning decrease: 7 decreases and 91 sps.

Rnd 20: Ch 2, (dc, ch 2, work Cluster) in same st, ch 2, ★ † skip next 2 sps, 7 dc in center ch of next ch-5, ch 2, [skip next ch-3 sp, (work Cluster, ch 2) twice in center ch of next ch-5, skip next ch-3 sp, 7 dc in center ch of next ch-5, ch 2] twice, skip next 2 sps †, (work Cluster, ch 2) twice in next decrease; repeat from ★ 5 times **more**, then repeat from † to † once; join with slip st to first dc: 21 7-dc groups and 63 sps.

Rnd 21: Slip st in first ch-2 sp, ch 2, (dc, ch 2, work Cluster) in same sp, ch 2, skip next ch-2 sp, dc in next dc, (ch 1, dc in next dc) 6 times, ch 2, skip next ch-2 sp, ★ (work Cluster, ch 2) twice in next ch-2 sp, skip next ch-2 sp, dc in next dc, (ch 1, dc in next dc) 6 times, ch 2, skip next ch-2 sp; repeat from ★ around; join with slip st to first dc: 189 sps.

Doily will ruffle until Rnd 30 is complete.

Rnd 22: Slip st in first ch-2 sp, ch 2, (dc, ch 2, work Cluster) in same sp, ch 2, skip next ch-2 sp, sc in next ch-1 sp, (ch 3, sc in next ch-1 sp) 5 times, ch 2, skip next ch-2 sp, ★ (work Cluster, ch 2) 3 times in next ch-2 sp, skip next ch-2 sp, sc in next ch-1 sp, (ch 3, sc in next ch-1 sp) 5 times, ch 2, skip next ch-2 sp; repeat from ★ around, work Cluster in same sp as first dc, ch 2; join with slip st to first dc.

Rnd 23: Slip st in first ch-2 sp, ch 2, (dc, ch 2, work Cluster) in same sp, ch 2, skip next ch-2 sp, sc in next ch-3 sp, (ch 3, sc in next ch-3 sp) 4 times, ch 2, skip next ch-2 sp, ★ work (Cluster, ch 2, Cluster) in next 2 ch-2 sps, ch 2, skip next ch-2 sp, sc in next ch-3 sp, (ch 3, sc in next ch-3 sp) 4 times, ch 2, skip next ch-2 sp; repeat from ★ around to last ch-2 sp, work (Cluster, ch 2, Cluster) in last ch-2 sp; join with slip st to first dc: 168 sps.

Rnd 24: Slip st in first ch-2 sp, ch 2, (dc, ch 2, work Cluster) in same sp, ch 2, skip next ch-2 sp, sc in next ch-3 sp, (ch 3, sc in next ch-3 sp) 3 times, ch 2, skip next ch-2 sp, work (Cluster, ch 2, Cluster) in next ch-2 sp, ch 5, ★ (work Cluster, ch 2) twice in next ch-2 sp, skip next ch-2 sp, sc in next ch-3 sp, (ch 3, sc in next ch-3 sp) 3 times, ch 2, skip next ch-2 sp, work (Cluster, ch 2, Cluster) in next ch-2 sp, ch 5; repeat from ★ around; join with slip st to first dc.

3. HIGH TEA

Finished Size: 17½" diameter

MATERIALS
Bedspread Weight Cotton Thread (size 10):
   305 yards
Steel crochet hook, size 6 (1.80 mm) **or** size needed for gauge

GAUGE SWATCH: 2¾" diameter
Work same as Doily through Rnd 5.

STITCH GUIDE

> **TREBLE CROCHET** *(abbreviated tr)*
> YO twice, insert hook in st indicated, YO and pull up a loop (4 loops on hook), (YO and draw through 2 loops on hook) 3 times.
>
> **CLUSTER** *(uses next 6 dc)*
> † YO, insert hook in **next** dc, YO and pull up a loop, YO and draw through 2 loops on hook †, repeat from † to † once **more** (3 loops on hook), skip next 2 dc, repeat from † to † twice, YO and draw through all 5 loops on hook.
>
> **PICOT**
> Ch 4, sc in top of Cluster just made.

DOILY

Ch 8; join with slip st to form a ring.

Rnd 1 (Right side)**:** Ch 2, 19 hdc in ring; join with slip st to top of beginning ch-2: 20 sts.

Rnd 2: Ch 6, skip next hdc, dc in next hdc, ★ ch 3, skip next hdc, dc in next hdc; repeat from ★ around to last hdc, ch 1, skip last hdc, hdc in third ch of beginning ch-6 to form last ch-3 sp: 10 ch-3 sps.

Rnd 3: Ch 1, sc in same sp, (ch 5, sc in next ch-3 sp) around, ch 1, tr in first sc to form last ch-5 sp.

Rnd 4: Ch 3 **(counts as first dc, now and throughout)**, 2 dc in same sp, ch 4, (3 dc in next ch-5 sp, ch 4) around; join with slip st to first dc: 30 dc and 10 ch-4 sps.

Rnd 5: Ch 3, dc in next 2 dc, ch 5, (dc in next 3 dc, ch 5) around; join with slip st to first dc.

Rnd 6: Ch 3, dc in same st, (dc, ch 3, dc) in next dc, 2 dc in next dc, ch 2, sc in next ch-5 sp, ch 2, ★ 2 dc in next dc, (dc, ch 3, dc) in next dc, 2 dc in next dc, ch 2, sc in next ch-5 sp, ch 2; repeat from ★ around; join with slip st to first dc: 60 dc and 30 sps.

Rnd 7: Ch 3, dc in next 2 dc, ch 3, sc in next ch-3 sp, ch 3, dc in next 3 dc, ch 1, skip next 2 ch-2 sps, ★ dc in next 3 dc, ch 3, sc in next ch-3 sp, ch 3, dc in next 3 dc, ch 1, skip next 2 ch-2 sps; repeat from ★ around; join with slip st to first dc.

Rnd 8: Ch 3, dc in next 2 dc, ch 3, (sc in next ch-3 sp, ch 3) twice, dc in next 3 dc, ch 1, ★ dc in next 3 dc, ch 3, (sc in next ch-3 sp, ch 3) twice, dc in next 3 dc, ch 1; repeat from ★ around; join with slip st to first dc: 60 dc and 40 sps.

Rnd 9: Ch 3, dc in next 2 dc, ch 2, skip next ch-3 sp, 5 dc in center ch of next ch-3, ch 2, skip next ch-3 sp, dc in next 3 dc, ch 3, ★ dc in next 3 dc, ch 2, skip next ch-3 sp, 5 dc in center ch of next ch-3, ch 2, skip next ch-3 sp, dc in next 3 dc, ch 3; repeat from ★ around; join with slip st to first dc: 110 dc and 30 sps.

Rnd 10: Ch 3, dc in next 2 dc, ch 2, dc in next dc, (ch 1, dc in next dc) 4 times, ch 2, dc in next 3 dc, ch 2, sc in next ch-3 sp, ch 2, ★ dc in next 3 dc, ch 2, dc in next dc, (ch 1, dc in next dc) 4 times, ch 2, dc in next 3 dc, ch 2, sc in next ch-3 sp, ch 2; repeat from ★ around; join with slip st to first dc: 110 dc and 80 sps.

Rnd 11: Ch 3, dc in next 2 dc, ch 2, skip next ch-2 sp, sc in next ch-1 sp, (ch 3, sc in next ch-1 sp) 3 times, ch 2, skip next ch-2 sp, dc in next 3 dc, ch 5, skip next 2 ch-3 sps, ★ dc in next 3 dc, ch 2, skip next ch-2 sp, sc in next ch-1 sp, (ch 3, sc in next ch-1 sp) 3 times, ch 2, skip next ch-2 sp, dc in next 3 dc, ch 5, skip next 2 ch-3 sps; repeat from ★ around; join with slip st to first dc: 60 dc and 60 sps.

Rnd 12: Ch 3, dc in next 2 dc, ch 2, skip next ch-2 sp, sc in next ch-3 sp, (ch 3, sc in next ch-3 sp) twice, ch 2, skip next ch-2 sp, dc in next 3 dc, ch 5, ★ dc in next 3 dc, ch 2, skip next ch-2 sp, sc in next ch-3 sp, (ch 3, sc in next ch-3 sp) twice, ch 2, skip next ch-2 sp, dc in next 3 dc, ch 5; repeat from ★ around; join with slip st to first dc: 60 dc and 50 sps.

Rnd 13: Ch 3, dc in next 2 dc, ch 2, skip next ch-2 sp, sc in next ch-3 sp, ch 3, sc in next ch-3 sp, ch 2, skip next ch-2 sp, dc in next 3 dc, ch 3, working **around** next ch-5, sc in ch-5 sp on Rnd 11, ch 3, ★ dc in next 3 dc, ch 2, skip next ch-2 sp, sc in next ch-3 sp, ch 3, sc in next ch-3 sp, ch 2, skip next ch-2 sp, dc in next 3 dc, ch 3, working **around** next ch-5, sc in ch-5 sp on Rnd 11, ch 3; repeat from ★ around; join with slip st to first dc.

Rnd 14: Ch 3, dc in next 2 dc, ch 2, skip next ch-2 sp, sc in next ch-3 sp, ch 2, skip next ch-2 sp, dc in next 3 dc, ch 3, (sc in next ch-3 sp, ch 3) twice, ★ dc in next 3 dc, ch 2, skip next ch-2 sp, sc in next ch-3 sp, ch 2, skip next ch-2 sp, dc in next 3 dc, ch 3, (sc in next ch-3 sp, ch 3) twice; repeat from ★ around; join with slip st to first dc.

Rnd 15: Ch 3, (dc, ch 3, dc) in next dc, 2 dc in next dc, ch 2, sc in next sc, ch 2, 2 dc in next dc, (dc, ch 3, dc) in next dc, 2 dc in next dc, ch 2, skip next ch-3 sp, 5 dc in center ch of next ch-3, ch 2, skip next ch-3 sp, ★ 2 dc in next dc, (dc, ch 3, dc) in next dc, 2 dc in next dc, ch 2, sc in next sc, ch 2, 2 dc in next dc, (dc, ch 3, dc) in next dc, 2 dc in next dc, ch 2, skip next ch-3 sp, 5 dc in center ch of next ch-3, ch 2, skip next ch-3 sp; repeat from ★ around, dc in same st as first dc; join with slip st to first dc: 170 dc and 60 sps.

Rnd 16: Ch 3, dc in next dc, ch 4, dc in next 3 dc, skip next 2 ch-2 sps, dc in next 3 dc, ch 4, dc in next 3 dc, ch 2, dc in next dc, (ch 1, dc in next dc) 4 times, ch 2, ★ dc in next 3 dc, ch 4, dc in next 3 dc, skip next 2 ch-2 sps, dc in next 3 dc, ch 4, dc in next 3 dc, ch 2, dc in next dc, (ch 1, dc in next dc) 4 times, ch 2; repeat from ★ around to last dc, dc in last dc; join with slip st to first dc: 170 dc and 80 sps.

Rnd 17: Ch 3, dc in next dc, ch 5, work Cluster, work Picot, ch 5, dc in next 3 dc, ch 2, skip next ch-2 sp, sc in next ch-1 sp, (ch 3, sc in next ch-1 sp) 3 times, ch 2, skip next ch-2 sp, ★ dc in next 3 dc, ch 5, work Cluster, work Picot, ch 5, dc in next 3 dc, ch 2, skip next ch-2 sp, sc in next ch-1 sp, (ch 3, sc in next ch-1 sp) 3 times, ch 2, skip next ch-2 sp; repeat from ★ around to last dc, dc in last dc; join with slip st to first dc: 60 dc and 70 sps.

Rnd 18: Ch 3, dc in next dc, ch 5, (sc in next ch-5 sp, ch 5) twice, dc in next 3 dc, ch 2, skip next ch-2 sp, sc in next ch-3 sp, (ch 3, sc in next ch-3 sp) twice, ch 2, skip next ch-2 sp, ★ dc in next 3 dc, ch 5, (sc in next ch-5 sp, ch 5) twice, dc in next 3 dc, ch 2, skip next ch-2 sp, sc in next ch-3 sp, (ch 3, sc in next ch-3 sp) twice, ch 2, skip next ch-2 sp; repeat from ★ around to last dc, dc in last dc; join with slip st to first dc.

Rnd 19: Ch 3, ★ † 2 dc in next dc, ch 3, skip next ch-5 sp, 7 dc in center ch of next ch-5, ch 3, skip next ch-5 sp, 2 dc in next dc, (dc, ch 3, dc) in next dc, 2 dc in next dc, ch 2, skip next ch-2 sp, sc in next ch-3 sp, ch 3, sc in next ch-3 sp, ch 2, skip next ch-2 sp, 2 dc in next dc †, (dc, ch 3, dc) in next dc; repeat from ★ 8 times **more**, then repeat from † to † once, dc in same st as first dc, ch 3; join with slip st to first dc: 190 dc and 70 sps.

Rnd 20: Ch 3, dc in next 2 dc, ★ † ch 3, dc in next dc, (ch 1, dc in next dc) 6 times, ch 3, dc in next 3 dc, ch 5, dc in next 3 dc, ch 2, skip next ch-2 sp, sc in next ch-3 sp, ch 2, skip next ch-2 sp, dc in next 3 dc, ch 5 †, dc in next 3 dc; repeat from ★ 8 times **more**, then repeat from † to † once; join with slip st to first dc: 190 dc and 120 sps.

Rnd 21: Ch 3, dc in next 2 dc, ★ † ch 3, skip next ch-3 sp, (sc in next ch-1 sp, ch 3) 6 times, skip next ch-3 sp, dc in next 3 dc, ch 5, dc in next 3 dc, ch 2, sc in next sc, ch 2, dc in next 3 dc, ch 5 †, dc in next 3 dc; repeat from ★ 8 times **more**, then repeat from † to † once; join with slip st to first dc: 120 dc and 110 sps.

Rnd 22: Ch 3, dc in next 2 dc, ★ † ch 3, skip next ch-3 sp, (sc in next ch-3 sp, ch 3) 5 times, skip next ch-3 sp, dc in next 3 dc, ch 3, working **around** next ch-5, sc in ch-5 sp on Rnd 20, ch 3, dc in next 3 dc, skip next 2 ch-2 sps, dc in next 3 dc, ch 3, working **around** next ch-5, sc in ch-5 sp on Rnd 20, ch 3 †, dc in next 3 dc; repeat from ★ 8 times **more**, then repeat from † to † once; join with slip st to first dc: 120 dc and 100 ch-3 sps.

Rnd 23: Ch 3, dc in next 2 dc, ★ † ch 3, skip next ch-3 sp, (sc in next ch-3 sp, ch 3) 4 times, skip next ch-3 sp, dc in next 3 dc, ch 7, skip next 2 ch-3 sps, work Cluster, work Picot, ch 7, skip next 2 ch-3 sps †, dc in next 3 dc; repeat from ★ 8 times **more**, then repeat from † to † once; join with slip st to first dc: 60 dc and 70 sps.

Rnd 24: Ch 3, dc in next 2 dc, ch 3, skip next ch-3 sp, (sc in next ch-3 sp, ch 3) 3 times, skip next ch-3 sp, dc in next 3 dc, ch 7, (sc in next ch-7 sp, ch 7) twice, ★ dc in next 3 dc, ch 3, skip next ch-3 sp, (sc in next ch-3 sp, ch 3) 3 times, skip next ch-3 sp, dc in next 3 dc, ch 7, (sc in next ch-7 sp, ch 7) twice; repeat from ★ around; join with slip st to first dc.

Rnd 25: Ch 3, dc in next 2 dc, ch 3, skip next ch-3 sp, (sc in next ch-3 sp, ch 3) twice, skip next ch-3 sp, dc in next 3 dc, ch 7, (sc in next ch-7 sp, ch 7) 3 times, ★ dc in next 3 dc, ch 3, skip next ch-3 sp, (sc in next ch-3 sp, ch 3) twice, skip next ch-3 sp, dc in next 3 dc, ch 7, (sc in next ch-7 sp, ch 7) 3 times; repeat from ★ around; join with slip st to first dc.

Rnd 26: Ch 3, dc in next 2 dc, ch 3, skip next ch-3 sp, sc in next ch-3 sp, ch 3, skip next ch-3 sp, dc in next 3 dc, ch 7, (sc in next ch-7 sp, ch 7) 4 times, ★ dc in next 3 dc, ch 3, skip next ch-3 sp, sc in next ch-3 sp, ch 3, skip next ch-3 sp, dc in next 3 dc, ch 7, (sc in next ch-7 sp, ch 7) 4 times; repeat from ★ around; join with slip st to first dc.

Rnd 27: Ch 3, dc in next 2 dc, ch 3, sc in next sc, ch 3, dc in next 3 dc, ch 7, (sc in next ch-7 sp, ch 7) 5 times, ★ dc in next 3 dc, ch 3, sc in next sc, ch 3, dc in next 3 dc, ch 7, (sc in next ch-7 sp, ch 7) 5 times; repeat from ★ around; join with slip st to first dc: 60 dc and 80 sps.

Rnd 28: Ch 3, dc in next 2 dc, skip next 2 ch-3 sps, dc in next 3 dc, ★ ch 8, (sc in next ch-7 sp, ch 8) 6 times, dc in next 3 dc, skip next 2 ch-3 sps, dc in next 3 dc; repeat from ★ around to last 6 ch-7 sps, (ch 8, sc in next ch-7 sp) 6 times, ch 4, tr in first dc to form last ch-8 sp: 60 dc and 70 ch-8 sps.

Rnd 29: Ch 1, sc in same sp, ch 8, work Cluster, work Picot, ★ ch 8, (sc in next ch-8 sp, ch 8) 7 times, work Cluster, work Picot; repeat from ★ around to last 6 ch-8 sps, (ch 8, sc in next ch-8 sp) 6 times, ch 4, tr in first sc to form last ch-8 sp: 80 ch-8 sps.

Rnd 30: Ch 1, sc in same sp, (ch 8, sc in next ch-8 sp) around, ch 4, tr in first sc to form last ch-8 sp.

Rnd 31: Ch 1, 4 sc in same sp, 7 sc in next ch-8 sp and in each ch-8 sp around, 3 sc in same sp as first sc; join with slip st to first sc: 80 7-sc groups.

Rnd 32: Ch 1, sc in same st, ch 8, (sc in center sc of next 7-sc group, ch 8) around; join with slip st to first sc.

Rnd 33: Slip st in first ch-8 sp, ch 1, 4 sc in same sp, ch 3, sc in top of last sc made, 3 sc in same sp, ★ 4 sc in next ch-8 sp, ch 3, sc in top of last sc made, 3 sc in same sp; repeat from ★ around; join with slip st to first sc, finish off.

See Washing and Blocking, page 1.

4. FIVE-O'CLOCK TEA

Finished Size: 17" diameter

MATERIALS
Bedspread Weight Cotton Thread (size 10):
  340 yards
Steel crochet hook, size 6 (1.80 mm) **or** size needed for gauge

GAUGE SWATCH: 2¼" diameter
Work same as Doily through Rnd 5.

STITCH GUIDE

TREBLE CROCHET *(abbreviated tr)*
YO twice, insert hook in st indicated, YO and pull up a loop (4 loops on hook), (YO and draw through 2 loops on hook) 3 times.

DOUBLE TREBLE CROCHET
(abbreviated dtr)
YO 3 times, insert hook in st indicated, YO and pull up a loop (5 loops on hook), (YO and draw through 2 loops on hook) 4 times.

DOUBLE CROCHET CLUSTER
(abbreviated dc Cluster) (uses one st)
★ YO, insert hook in st indicated, YO and pull up a loop, YO and draw through 2 loops on hook; repeat from ★ once **more**, YO and draw through all 3 loops on hook.

TREBLE CROCHET CLUSTER
(abbreviated tr Cluster) (uses one sc)
★ YO twice, insert hook in sc indicated, YO and pull up a loop, (YO and draw through 2 loops on hook) twice; repeat from ★ once **more**, YO and draw through all 3 loops on hook.

DOUBLE TREBLE CROCHET CLUSTER
(abbreviated dtr Cluster) (uses one sc)
★ YO 3 times, insert hook in sc indicated, YO and pull up a loop, (YO and draw through 2 loops on hook) 3 times; repeat from ★ once **more**, YO and draw through all 3 loops on hook.

DOILY

Ch 8; join with slip st to form a ring.

Rnd 1 (Right side)**:** Ch 1, 16 sc in ring; join with slip st to first sc.

Rnd 2: Ch 2, dc in same st, ch 3, skip next sc, ★ work dc Cluster in next sc, ch 3, skip next sc; repeat from ★ around; join with slip st to first dc: 8 ch-3 sps.

Rnd 3: Ch 1, sc in same st, 3 sc in next ch-3 sp, (sc in next dc Cluster, 3 sc in next ch-3 sp) around; join with slip st to first sc: 32 sc.

Rnd 4: Ch 3, tr in same st, ch 3, skip next sc, ★ work tr Cluster in next sc, ch 3, skip next sc; repeat from ★ around; join with slip st to first tr: 16 ch-3 sps.

Rnd 5: Ch 1, sc in same st, 3 sc in next ch-3 sp, (sc in next tr Cluster, 3 sc in next ch-3 sp) around; join with slip st to first sc: 64 sc.

Rnd 6: Ch 4, dtr in same st, ★ ch 5, skip next sc, work dtr Cluster in next sc; repeat from ★ around to last sc, ch 2, skip last sc, tr in first dtr to form last ch-5 sp: 32 ch-5 sps.

Rnds 7-10: (Ch 5, sc in next ch-5 sp) around, ch 2, tr in joining tr to form last ch-5 sp.

Rnd 11: Ch 2, dc in joining tr, ch 5, (work dc Cluster in center ch of next ch-5, ch 5) around; join with slip st to first dc.

Rnd 12: Ch 1, sc in same st, 5 sc in next ch-5 sp, (sc in next dc Cluster, 5 sc in next ch-5 sp) around; join with slip st to first sc: 192 sc.

Rnd 13: Ch 1, sc in same st, ★ ch 3, skip next 2 sc, sc in next sc; repeat from ★ around to last 2 sc, skip last 2 sc, dc in first sc to form last ch-3 sp: 64 ch-3 sps.

Rnd 14: Ch 3 **(counts as first dc, now and throughout)**, (dc, ch 2, 2 dc) in same sp, ch 5, skip next ch-3 sp, ★ (2 dc, ch 2, 2 dc) in next ch-3 sp, ch 5, skip next ch-3 sp; repeat from ★ around; join with slip st to first dc.

Rnd 15: Slip st in next dc and in next ch-2 sp, ch 3, (dc, ch 2, 2 dc) in same sp, ch 3, skip next ch-5 sp, ★ (2 dc, ch 2, 2 dc) in next ch-2 sp, ch 3, skip next ch-5 sp; repeat from ★ around; join with slip st to first dc.

Rnd 16: Slip st in next dc and in next ch-2 sp, ch 3, (dc, ch 2, 2 dc) in same sp, ch 2, working **around** next ch-3, sc in ch-5 sp on Rnd 14, ch 2, ★ (2 dc, ch 2) twice in next ch-2 sp, working **around** next ch-3, sc in ch-5 sp on Rnd 14, ch 2; repeat from ★ around; join with slip st to first dc: 96 ch-2 sps.

Rnd 17: Slip st in next dc and in next ch-2 sp, ch 3, (dc, ch 2, 2 dc) in same sp, ch 3, skip next 2 ch-2 sps, 9 dc in next ch-2 sp, ch 3, skip next 2 ch-2 sps, ★ (2 dc, ch 2, 2 dc) in next ch-2 sp, ch 3, skip next 2 ch-2 sps, 9 dc in next ch-2 sp, ch 3, skip next 2 ch-2 sps; repeat from ★ around; join with slip st to first dc: 16 9-dc groups and 48 sps.

Rnd 18: Slip st in next dc and in next ch-2 sp, ch 3, (dc, ch 2, 2 dc) in same sp, ch 2, skip next ch-3 sp, dc in next dc, (ch 1, dc in next dc) 8 times, ch 2, skip next ch-3 sp, ★ (2 dc, ch 2) twice in next ch-2 sp, skip next ch-3 sp, dc in next dc, (ch 1, dc in next dc) 8 times, ch 2, skip next ch-3 sp; repeat from ★ around; join with slip st to first dc: 176 sps.

Rnd 19: Slip st in next dc and in next ch-2 sp, ch 3, (dc, ch 2, 2 dc) in same sp, ch 2, skip next ch-2 sp, sc in next ch-1 sp, (ch 3, sc in next ch-1 sp) 7 times, ch 2, skip next ch-2 sp, ★ (2 dc, ch 2) twice in next ch-2 sp, skip next ch-2 sp, sc in next ch-1 sp, (ch 3, sc in next ch-1 sp) 7 times, ch 2, skip next ch-2 sp; repeat from ★ around; join with slip st to first dc: 160 sps.

Rnd 20: Slip st in next dc and in next ch-2 sp, ch 3, (dc, ch 2, 2 dc) in same sp, ch 2, skip next ch-2 sp, sc in next ch-3 sp, (ch 3, sc in next ch-3 sp) 6 times, ch 2, skip next ch-2 sp, ★ (2 dc, ch 2) twice in next ch-2 sp, skip next ch-2 sp, sc in next ch-3 sp, (ch 3, sc in next ch-3 sp) 6 times, ch 2, skip next ch-2 sp; repeat from ★ around; join with slip st to first dc: 144 sps.

Rnd 21: Slip st in next dc and in next ch-2 sp, ch 3, (dc, ch 2, 2 dc) in same sp, ch 2, skip next ch-2 sp, sc in next ch-3 sp, (ch 3, sc in next ch-3 sp) 5 times, ch 2, skip next ch-2 sp, ★ (2 dc, ch 2) twice in next ch-2 sp, skip next ch-2 sp, sc in next ch-3 sp, (ch 3, sc in next ch-3 sp) 5 times, ch 2, skip next ch-2 sp; repeat from ★ around; join with slip st to first dc: 128 sps.

Rnd 22: Slip st in next dc and in next ch-2 sp, ch 3, [dc, ch 2, (2 dc, ch 2) twice] in same sp, skip next ch-2 sp, sc in next ch-3 sp, (ch 3, sc in next ch-3 sp) 4 times, ch 2, skip next ch-2 sp, ★ (2 dc, ch 2) 3 times in next ch-2 sp, skip next ch-2 sp, sc in next ch-3 sp, (ch 3, sc in next ch-3 sp) 4 times, ch 2, skip next ch-2 sp; repeat from ★ around; join with slip st to first dc.

Rnd 23: Slip st in next dc and in next ch-2 sp, ch 3, (dc, ch 2, 2 dc) in same sp, ch 3, (2 dc, ch 2) twice in next ch-2 sp, skip next ch-2 sp, sc in next ch-3 sp, (ch 3, sc in next ch-3 sp) 3 times, ch 2, skip next ch-2 sp, ★ (2 dc, ch 2, 2 dc) in next ch-2 sp, ch 3, (2 dc, ch 2) twice in next ch-2 sp, skip next ch-2 sp, sc in next ch-3 sp, (ch 3, sc in next ch-3 sp) 3 times, ch 2, skip next ch-2 sp; repeat from ★ around; join with slip st to first dc.

Rnd 24: Slip st in next dc and in next ch-2 sp, ch 3, (dc, ch 2, 2 dc) in same sp, ★ † ch 3, work dc Cluster in center ch of next ch-3, ch 3, (2 dc, ch 2) twice in next ch-2 sp, skip next ch-2 sp, sc in next ch-3 sp, (ch 3, sc in next ch-3 sp) twice, ch 2, skip next ch-2 sp †, (2 dc, ch 2, 2 dc) in next ch-2 sp; repeat from ★ 14 times **more**, then repeat from † to † once; join with slip st to first dc.

Rnd 25: Slip st in next dc and in next ch-2 sp, ch 3, (dc, ch 2, 2 dc) in same sp, ★ † ch 3, skip next ch-3 sp, (work dc Cluster, ch 3) 3 times in next dc Cluster, skip next ch-3 sp, (2 dc, ch 2) twice in next ch-2 sp, skip next ch-2 sp, sc in next ch-3 sp, ch 3, sc in next ch-3 sp, ch 2, skip next ch-2 sp †, (2 dc, ch 2, 2 dc) in next ch-2 sp; repeat from ★ 14 times **more**, then repeat from † to † once; join with slip st to first dc: 144 sps.

Rnd 26: Slip st in next dc and in next ch-2 sp, ch 3, (dc, ch 2, 2 dc) in same sp, ★ † ch 3, skip next ch-3 sp, work dc Cluster in next dc Cluster, ch 3, (work dc Cluster, ch 3) 3 times in next dc Cluster, work dc Cluster in next dc Cluster, ch 3, skip next ch-3 sp, (2 dc, ch 2) twice in next ch-2 sp, skip next ch-2 sp, sc in next ch-3 sp, ch 2, skip next ch-2 sp †, (2 dc, ch 2, 2 dc) in next ch-2 sp; repeat from ★ 14 times **more**, then repeat from † to † once; join with slip st to first dc: 160 sps.

Rnd 27: Slip st in next dc and in next ch-2 sp, ch 3, (dc, ch 2, 2 dc) in same sp, ★ † ch 3, skip next ch-3 sp, (work dc Cluster in next dc Cluster, ch 3) twice, (work dc Cluster, ch 3) 3 times in next dc Cluster, (work dc Cluster in next dc Cluster, ch 3) twice, skip next ch-3 sp, (2 dc, ch 2) twice in next ch-2 sp, skip next ch-2 sp, sc in next sc, ch 2, skip next ch-2 sp †, (2 dc, ch 2, 2 dc) in next ch-2 sp; repeat from ★ 14 times **more**, then repeat from † to † once; join with slip st to first dc: 192 sps.

Rnd 28: Slip st in next dc and in next ch-2 sp, ch 3, (dc, ch 2, 2 dc) in same sp, ★ † ch 3, skip next ch-3 sp, (work dc Cluster in next dc Cluster, ch 3) 3 times, (work dc Cluster, ch 3) 3 times in next dc Cluster, (work dc Cluster in next dc Cluster, ch 3) 3 times, skip next ch-3 sp, (2 dc, ch 2, 2 dc) in next ch-2 sp, skip next 2 ch-2 sps †, (2 dc, ch 2, 2 dc) in next ch-2 sp; repeat from ★ 14 times **more**, then repeat from † to † once; join with slip st to first dc.

Rnd 29: Slip st in next dc and in next ch-2 sp, ch 1, sc in same sp, ch 3, (sc in next ch-3 sp, ch 3) 10 times, ★ sc in next 2 ch-2 sps, ch 3, (sc in next ch-3 sp, ch 3) 10 times; repeat from ★ around to last ch-2 sp, sc in last ch-2 sp; join with slip st to first sc: 176 sps.

Rnd 30: Slip st in next ch, ch 1, sc in same ch-3 sp, (ch 3, sc in next ch-3 sp) around, ch 1, hdc in first sc to form last ch-3 sp.

Rnd 31: Ch 1, sc in same sp, ch 3, (sc in next ch-3 sp, ch 3) around; join with slip st to first sc.

Rnd 32: Slip st in first ch-3 sp, ch 1, 3 sc in same sp and in each ch-3 sp around; join with slip st to first sc, finish off.

See Washing and Blocking, page 1.

5. TEA BREAK

Finished Size: 17" diameter

MATERIALS
Bedspread Weight Cotton Thread (size 10):
  335 yards
Steel crochet hook, size 6 (1.80 mm) **or** size needed for gauge

GAUGE SWATCH: 2¼" diameter
Work same as Doily through Rnd 4.

STITCH GUIDE

> **TREBLE CROCHET** *(abbreviated tr)*
> YO twice, insert hook in st or sp indicated, YO and pull up a loop (4 loops on hook), (YO and draw through 2 loops on hook) 3 times.
>
> **CLUSTER** *(uses one st)*
> ★ YO, insert hook in st indicated, YO and pull up a loop, YO and draw through 2 loops on hook; repeat from ★ once **more**, YO and draw through all 3 loops on hook.
>
> **BEGINNING SPLIT CLUSTER** *(uses 2 ch-2 sps)*
> Ch 2, YO, insert hook in same sp, YO and pull up a loop, YO and draw through 2 loops on hook, YO, insert hook in next ch-2 sp, YO and pull up a loop, YO and draw through 2 loops on hook, YO, insert hook in same sp, YO and pull up a loop, YO and draw through 2 loops on hook, YO and draw through all 4 loops on hook.
>
> **SPLIT CLUSTER** *(uses next 2 ch-2 sps)*
> ★ YO, insert hook in **next** ch-2 sp, YO and pull up a loop, YO and draw through 2 loops on hook, YO, insert hook in **same** sp, YO and pull up a loop, YO and draw through 2 loops on hook; repeat from ★ once **more**, YO and draw through all 5 loops on hook.
>
> **DECREASE** *(uses next 3 sts)*
> YO, † insert hook in **next** Cluster, YO and pull up a loop, YO and draw through 2 loops on hook, YO, insert hook in **same** st, YO and pull up a loop, YO and draw through 2 loops on hook †, YO, skip next dc, repeat from † to † once, YO and draw through all 5 loops on hook.

DOILY

Ch 8; join with slip st to form a ring.

Rnd 1 (Right side): Ch 1, 16 sc in ring; join with slip st to first sc.

Rnd 2: Ch 6 **(counts as first tr plus ch 2)**, (tr in next sc, ch 2) around; join with slip st to first tr: 16 tr and 16 ch-2 sps.

Rnd 3: Ch 1, sc in same st, 2 sc in next ch-2 sp, (sc in next tr, 2 sc in next ch-2 sp) around; join with slip st to first sc: 48 sc.

Rnd 4: Ch 2, dc in same st, ch 1, dc in next sc, ch 1, work Cluster in next sc, ch 2, skip next sc, ★ work Cluster in next sc, ch 1, dc in next sc, ch 1, work Cluster in next sc, ch 2, skip next sc; repeat from ★ around; join with slip st to first dc: 36 sts and 36 sps.

Rnds 5 and 6: Ch 2, dc in same st, ch 2, dc in next dc, ch 2, work Cluster in next Cluster, ch 3, ★ work Cluster in next Cluster, ch 2, dc in next dc, ch 2, work Cluster in next Cluster, ch 3; repeat from ★ around; join with slip st to first dc.

Rnd 7: Ch 2, dc in same st, ch 2, dc in next dc, ch 2, work Cluster in next Cluster, ch 4, ★ work Cluster in next Cluster, ch 2, dc in next dc, ch 2, work Cluster in next Cluster, ch 4; repeat from ★ around; join with slip st to first dc.

Rnd 8: Ch 2, dc in same st, ch 2, dc in next dc, ch 2, work Cluster in next Cluster, ch 5, ★ work Cluster in next Cluster, ch 2, dc in next dc, ch 2, work Cluster in next Cluster, ch 5; repeat from ★ around; join with slip st to first dc.

Rnd 9: Ch 2, dc in same st, ch 2, dc in next dc, ch 2, work Cluster in next Cluster, ch 6, ★ work Cluster in next Cluster, ch 2, dc in next dc, ch 2, work Cluster in next Cluster, ch 6; repeat from ★ around; join with slip st to first dc.

Rnd 10: Ch 2, dc in same st, ch 1, dc in next dc, ch 1, work Cluster in next Cluster, ch 5, sc in next ch-6 sp, ch 5, ★ work Cluster in next Cluster, ch 1, dc in next dc, ch 1, work Cluster in next Cluster, ch 5, sc in next ch-6 sp, ch 5; repeat from ★ around; join with slip st to first dc: 48 sps.

Rnd 11: Ch 2, dc in same st and in next dc, work Cluster in next Cluster, ★ ch 5, (sc in next ch-5 sp, ch 5) twice, work Cluster in next Cluster, dc in next dc, work Cluster in next Cluster; repeat from ★ around to last 2 ch-5 sps, (ch 5, sc in next ch-5 sp) twice, ch 2, dc in first dc to form last ch-5 sp: 36 ch-5 sps.

Rnd 12: Ch 1, sc in same sp, ch 5, decrease, ★ ch 5, (sc in next ch-5 sp, ch 5) 3 times, decrease; repeat from ★ around to last 2 ch-5 sps, (ch 5, sc in next ch-5 sp) twice, ch 2, dc in first sc to form last ch-5 sp: 48 ch-5 sps.

Rnd 13: Ch 1, sc in same sp, (ch 5, sc in next ch-5 sp) around, ch 2, dc in first sc to form last ch-5 sp.

Rnd 14: Ch 3 **(counts as first dc, now and throughout)**, (dc, ch 2, 2 dc) in joining dc, ch 4, skip next ch-5 sp, 11 tr in next ch-5 sp, ch 4, skip next ch-5 sp, ★ (2 dc, ch 2, 2 dc) in center ch of next ch-5, ch 4, skip next ch-5 sp, 11 tr in next ch-5 sp, ch 4, skip next ch-5 sp; repeat from ★ around; join with slip st to first dc: 132 tr and 36 sps.

Doily will ruffle until Rnd 30 is complete.

Rnd 15: Slip st in next dc and in next ch-2 sp, ch 3, (dc, ch 2, 2 dc) in same sp, ch 3, skip next ch-4 sp, dc in next tr, (ch 1, dc in next tr) 10 times, ch 3, skip next ch-4 sp, ★ (2 dc, ch 2, 2 dc) in next ch-2 sp, ch 3, skip next ch-4 sp, dc in next tr, (ch 1, dc in next tr) 10 times, ch 3, skip next ch-4 sp; repeat from ★ around; join with slip st to first dc: 156 sps.

Rnd 16: Slip st in next dc and in next ch-2 sp, ch 3, (dc, ch 2, 2 dc) in same sp, ch 3, skip next ch-3 sp, (sc in next ch-1 sp, ch 3) 10 times, skip next ch-3 sp, ★ (2 dc, ch 2, 2 dc) in next ch-2 sp, ch 3, skip next ch-3 sp, (sc in next ch-1 sp, ch 3) 10 times, skip next ch-3 sp; repeat from ★ around; join with slip st to first dc: 144 sps.

Rnd 17: Slip st in next dc and in next ch-2 sp, ch 3, (dc, ch 2, 2 dc) in same sp, ch 3, skip next ch-3 sp, (sc in next ch-3 sp, ch 3) 9 times, skip next ch-3 sp, ★ (2 dc, ch 2, 2 dc) in next ch-2 sp, ch 3, skip next ch-3 sp, (sc in next ch-3 sp, ch 3) 9 times, skip next ch-3 sp; repeat from ★ around; join with slip st to first dc: 132 sps.

Rnd 18: Slip st in next dc and in next ch-2 sp, ch 3, (dc, ch 2, 2 dc) in same sp, ch 3, skip next ch-3 sp, (sc in next ch-3 sp, ch 3) 8 times, skip next ch-3 sp, ★ 2 dc in next ch-2 sp, (ch 2, 2 dc in same sp) twice, ch 3, skip next ch-3 sp, (sc in next ch-3 sp, ch 3) 8 times, skip next ch-3 sp; repeat from ★ around, 2 dc in same sp as first dc, ch 2; join with slip st to first dc.

Rnd 19: Slip st in next dc and in next ch-2 sp, ch 3, (dc, ch 2, 2 dc) in same sp, ch 3, skip next ch-3 sp, (sc in next ch-3 sp, ch 3) 7 times, ★ skip next ch-3 sp, [(2 dc, ch 2, 2 dc) in next ch-2 sp, ch 3] twice, skip next ch-3 sp, (sc in next ch-3 sp, ch 3) 7 times; repeat from ★ around to last 2 sps, skip next ch-3 sp, (2 dc, ch 2, 2 dc) in last ch-2 sp, ch 3; join with slip st to first dc.

Rnd 20: Slip st in next dc and in next ch-2 sp, ch 3, (dc, ch 2, 2 dc) in same sp, ★ † ch 3, skip next ch-3 sp, (sc in next ch-3 sp, ch 3) 6 times, skip next ch-3 sp, (2 dc, ch 2) twice in next ch-2 sp, (work Cluster, ch 2) twice in center ch of next ch-3 †, (2 dc, ch 2, 2 dc) in next ch-2 sp; repeat from ★ 10 times **more**, then repeat from † to † once; join with slip st to first dc: 144 sps.

Rnd 21: Slip st in next dc and in next ch-2 sp, ch 3, (dc, ch 2, 2 dc) in same sp, ★ † ch 3, skip next ch-3 sp, (sc in next ch-3 sp, ch 3) 5 times, skip next ch-3 sp, (2 dc, ch 2, 2 dc) in next ch-2 sp, ch 3, skip next ch-2 sp, work Cluster in next Cluster, ch 2, dc in next ch-2 sp, ch 2, work Cluster in next Cluster, ch 3, skip next ch-2 sp †, (2 dc, ch 2, 2 dc) in next ch-2 sp; repeat from ★ 10 times **more**, then repeat from † to † once; join with slip st to first dc.

Rnd 22: Slip st in next dc and in next ch-2 sp, ch 3, (dc, ch 2, 2 dc) in same sp, ★ † ch 3, skip next ch-3 sp, (sc in next ch-3 sp, ch 3) 4 times, skip next ch-3 sp, (2 dc, ch 2, 2 dc) in next ch-2 sp, ch 3, skip next ch-3 sp, work Cluster in next Cluster, ch 3, dc in next dc, ch 3, work Cluster in next Cluster, ch 3, skip next ch-3 sp †, (2 dc, ch 2, 2 dc) in next ch-2 sp; repeat from ★ 10 times **more**, then repeat from † to † once; join with slip st to first dc: 132 sps.

Rnd 23: Slip st in next dc and in next ch-2 sp, ch 3, (dc, ch 2, 2 dc) in same sp, ★ † ch 3, skip next ch-3 sp, (sc in next ch-3 sp, ch 3) 3 times, skip next ch-3 sp, (2 dc, ch 2, 2 dc) in next ch-2 sp, ch 4, skip next ch-3 sp, work Cluster in next Cluster, ch 4, dc in next dc, ch 4, work Cluster in next Cluster, ch 4, skip next ch-3 sp †, (2 dc, ch 2, 2 dc) in next ch-2 sp; repeat from ★ 10 times **more**, then repeat from † to † once; join with slip st to first dc: 120 sps.

Rnd 24: Slip st in next dc and in next ch-2 sp, ch 3, (dc, ch 2, 2 dc) in same sp, ★ † ch 3, skip next ch-3 sp, (sc in next ch-3 sp, ch 3) twice, skip next ch-3 sp, (2 dc, ch 2, 2 dc) in next ch-2 sp, ch 7, skip next ch-4 sp, work Cluster in next Cluster, ch 4, dc in next dc, ch 4, work Cluster in next Cluster, ch 7, skip next ch-4 sp †, (2 dc, ch 2, 2 dc) in next ch-2 sp; repeat from ★ 10 times **more**, then repeat from † to † once; join with slip st to first dc: 108 sps.

Rnd 25: Slip st in next dc and in next ch-2 sp, ch 3, (dc, ch 2, 2 dc) in same sp, ★ † ch 3, skip next ch-3 sp, sc in next ch-3 sp, ch 3, skip next ch-3 sp, (2 dc, ch 2, 2 dc) in next ch-2 sp, ch 9, skip next ch-7 sp, work Cluster in next Cluster, ch 3, dc in next dc, ch 3, work Cluster in next Cluster, ch 9, skip next ch-7 sp †, (2 dc, ch 2, 2 dc) in next ch-2 sp; repeat from ★ 10 times **more**, then repeat from † to † once; join with slip st to first dc: 96 sps.

Rnd 26: Slip st in next dc and in next ch-2 sp, ch 3, (dc, ch 2, 2 dc) in same sp, ★ † ch 3, skip next ch-3 sp, sc in next sc, ch 3, skip next ch-3 sp, (2 dc, ch 2, 2 dc) in next ch-2 sp, ch 11, skip next ch-9 sp, work Cluster in next Cluster, ch 3, dc in next dc, ch 3, work Cluster in next Cluster, ch 11, skip next ch-9 sp †, (2 dc, ch 2, 2 dc) in next ch-2 sp; repeat from ★ 10 times **more**, then repeat from † to † once; join with slip st to first dc.

Rnd 27: Slip st in next dc and in next ch-2 sp, ch 3, (dc, ch 2, 2 dc) in same sp, skip next 2 ch-3 sps, (2 dc, ch 2, 2 dc) in next ch-2 sp, ch 14, skip next loop, work Cluster in next Cluster, ch 2, dc in next dc, ch 2, work Cluster in next Cluster, ch 14, skip next loop, ★ (2 dc, ch 2, 2 dc) in next ch-2 sp, skip next 2 ch-3 sps, (2 dc, ch 2, 2 dc) in next ch-2 sp, ch 14, skip next loop, work Cluster in next Cluster, ch 2, dc in next dc, ch 2, work Cluster in next Cluster, ch 14, skip next loop; repeat from ★ around; join with slip st to first dc.

Rnd 28: Slip st in next dc and in next ch-2 sp, work Beginning Split Cluster, ch 11, working **around** next loop, sc in loop on Rnd 26, ch 11, decrease, ch 11, working **around** next loop, sc in loop on Rnd 26, ch 11, ★ work Split Cluster, ch 11, working **around** next loop, sc in loop on Rnd 26, ch 11, decrease, ch 11, working **around** next loop, sc in loop on Rnd 26, ch 11; repeat from ★ around; join with slip st to top of Beginning Split Cluster: 48 sts and 48 loops.

Rnd 29: Ch 2, dc in same st, ★ † ch 6, work Cluster in center ch of next loop, ch 6, work Cluster in next sc, ch 6, work Cluster in center ch of next loop, ch 6, work Cluster in next decrease, ch 6, work Cluster in center ch of next loop, ch 6, work Cluster in next sc, ch 6, work Cluster in center ch of next loop, ch 6 †, work Cluster in next Split Cluster; repeat from ★ 10 times **more**, then repeat from † to † once; join with slip st to first dc: 96 ch-6 sps.

Rnd 30: Ch 6, sc in fifth ch from hook, 4 hdc in next ch-6 sp, ★ hdc in next st, ch 4, sc in top of last hdc made, 4 hdc in next ch-6 sp; repeat from ★ around; join with slip st to same ch as first sc, finish off.

See Washing and Blocking, page 1.

6. MORNING TEA

Finished Size: 16" diameter

MATERIALS
Bedspread Weight Cotton Thread (size 10): 285 yards
Steel crochet hook, size 6 (1.80 mm) **or** size needed for gauge

GAUGE SWATCH: 2½" diameter
Work same as Doily through Rnd 3.

STITCH GUIDE

TREBLE CROCHET *(abbreviated tr)*
YO twice, insert hook in st or sp indicated, YO and pull up a loop (4 loops on hook), (YO and draw through 2 loops on hook) 3 times.

DOUBLE CROCHET CLUSTER
(abbreviated dc Cluster) (uses one st)
★ YO, insert hook in st indicated, YO and pull up a loop, YO and draw through 2 loops on hook; repeat from ★ 4 times **more**, YO and draw through all 6 loops on hook.

BEGINNING TREBLE CROCHET CLUSTER
(abbreviated Beginning tr Cluster)
(uses one st)
Ch 4, ★ YO twice, insert hook in st indicated, YO and pull up a loop, (YO and draw through 2 loops on hook) twice; repeat from ★ 3 times **more**, YO and draw through all 5 loops on hook.

TREBLE CROCHET CLUSTER
(abbreviated tr Cluster) (uses one st)
★ YO twice, insert hook in st indicated, YO and pull up a loop, (YO and draw through 2 loops on hook) twice; repeat from ★ 4 times **more**, YO and draw through all 6 loops on hook.

DOILY
Ch 10; join with slip st to form a ring.

Rnd 1 (Right side)**:** Ch 3 **(counts as first dc, now and throughout)**, 23 dc in ring; join with slip st to first dc: 24 dc.

Rnd 2: Work Beginning tr Cluster in same st, ★ ch 6, skip next 2 dc, work tr Cluster in next dc; repeat from ★ around to last 2 dc, ch 3, skip last 2 dc, dc in top of Beginning tr Cluster to form last ch-6 sp: 8 ch-6 sps.

Rnd 3: Work Beginning tr Cluster in joining dc, ch 8, skip next tr Cluster and next 3 chs, ★ work tr Cluster in next ch, ch 8, skip next tr Cluster and next 3 chs; repeat from ★ around; join with slip st to top of Beginning tr Cluster.

Rnd 4: Ch 3, 11 dc in next ch-8 sp, (dc in next tr Cluster, 11 dc in next ch-8 sp) around; join with slip st to first dc: 96 dc.

Rnd 5: Work Beginning tr Cluster in same st, ★ ch 8, skip next 2 dc, work tr Cluster in next dc; repeat from ★ around to last 2 dc, ch 4, skip last 2 dc, tr in top of Beginning tr Cluster to form last ch-8 sp: 32 ch-8 sps.

Rnd 6: Work Beginning tr Cluster in joining tr, ★ ch 6, skip next tr Cluster and next 4 chs, work tr Cluster in next ch; repeat from ★ around to last tr Cluster, ch 3, skip last tr Cluster, dc in top of Beginning tr Cluster to form last ch-6 sp.

Rnd 7: Ch 1, sc in same sp, (ch 6, sc in next ch-6 sp) around, ch 2, tr in first sc to form last ch-6 sp.

Rnd 8: Ch 3, (dc, ch 2, 2 dc) in joining tr, ch 4, sc in next ch-6 sp, ch 3, 13 tr in next ch-6 sp, ch 3, sc in next ch-6 sp, ch 4, skip next sc and next 2 chs, ★ (2 dc, ch 2, 2 dc) in next ch, ch 4, sc in next ch-6 sp, ch 3, 13 tr in next ch-6 sp, ch 3, sc in next ch-6 sp, ch 4, skip next sc and next 2 chs; repeat from ★ around; join with slip st to first dc: 152 sts and 40 sps.

Rnd 9: Slip st in next dc and in next ch-2 sp, ch 3, (dc, ch 2, 2 dc) in same sp, ch 4, skip next 2 sps, dc in next tr, (ch 1, dc in next tr) 12 times, ch 4, skip next 2 sps, ★ (2 dc, ch 2, 2 dc) in next ch-2 sp, ch 4, skip next 2 sps, dc in next tr, (ch 1, dc in next tr) 12 times, ch 4, skip next 2 sps; repeat from ★ around; join with slip st to first dc: 120 sps.

Rnd 10: Slip st in next dc and in next ch-2 sp, ch 3, (dc, ch 2, 2 dc) in same sp, ch 4, skip next ch-4 sp, sc in next ch-1 sp, (ch 3, sc in next ch-1 sp) 11 times, ch 4, skip next ch-4 sp, ★ (2 dc, ch 2, 2 dc) in next ch-2 sp, ch 4, skip next ch-4 sp, sc in next ch-1 sp, (ch 3, sc in next ch-1 sp) 11 times, ch 4, skip next ch-4 sp; repeat from ★ around; join with slip st to first dc: 112 sps.

Rnd 11: Slip st in next dc and in next ch-2 sp, ch 3, [dc, (ch 2, 2 dc) twice] in same sp, ch 4, skip next ch-4 sp, sc in next ch-3 sp, (ch 3, sc in next ch-3 sp) 10 times, ch 4, skip next ch-4 sp, ★ [2 dc, (ch 2, 2 dc) twice] in next ch-2 sp, ch 4, skip next ch-4 sp, sc in next ch-3 sp, (ch 3, sc in next ch-3 sp) 10 times, ch 4, skip next ch-4 sp; repeat from ★ around; join with slip st to first dc.

Rnd 12: Slip st in next dc and in next ch-2 sp, ch 3, (dc, ch 2, 2 dc) in same sp, ch 4, (2 dc, ch 2, 2 dc) in next ch-2 sp, ch 4, skip next ch-4 sp, sc in next ch-3 sp, (ch 3, sc in next ch-3 sp) 9 times, ch 4, skip next ch-4 sp, ★ (2 dc, ch 2, 2 dc) in next ch-2 sp, ch 4, (2 dc, ch 2, 2 dc) in next ch-2 sp, ch 4, skip next ch-4 sp, sc in next ch-3 sp, (ch 3, sc in next ch-3 sp) 9 times, ch 4, skip next ch-4 sp; repeat from ★ around; join with slip st to first dc.

Rnd 13: Slip st in next dc and in next ch-2 sp, ch 3, (dc, ch 2, 2 dc) in same sp, ch 2, ★ † work dc Cluster in center ch of next ch-3, (ch 2, 2 dc) twice in next ch-2 sp, ch 4, skip next ch-4 sp, sc in next ch-3 sp, (ch 3, sc in next ch-3 sp) 8 times, ch 4, skip next ch-4 sp †, (2 dc, ch 2) twice in next ch-2 sp; repeat from ★ 6 times **more**, then repeat from † to † once; join with slip st to first dc.

Rnd 14: Slip st in next dc and in next ch-2 sp, ch 3, (dc, ch 2, 2 dc) in same sp, ch 2, skip next ch-2 sp, ★ † work dc Cluster in next dc Cluster, ch 3, work dc Cluster in next ch, (ch 2, 2 dc) twice in next ch-2 sp, ch 4, skip next ch-4 sp, sc in next ch-3 sp, (ch 3, sc in next ch-3 sp) 7 times, ch 4, skip next ch-4 sp †, (2 dc, ch 2) twice in next ch-2 sp; repeat from ★ 6 times **more**, then repeat from † to † once; join with slip st to first dc.

Rnd 15: Slip st in next dc and in next ch-2 sp, ch 3, (dc, ch 2, 2 dc) in same sp, ch 2, ★ † skip next 2 dc and next ch, work dc Cluster in next ch, ch 2, work dc Cluster in center ch of next ch-3, ch 2, skip next dc Cluster, work dc Cluster in next ch, (ch 2, 2 dc) twice in next ch-2 sp, ch 4, skip next ch-4 sp, sc in next ch-3 sp, (ch 3, sc in next ch-3 sp) 6 times, ch 4, skip next ch-4 sp †, (2 dc, ch 2) twice in next ch-2 sp; repeat from ★ 6 times **more**, then repeat from † to † once; join with slip st to first dc.

Rnd 16: Slip st in next dc and in next ch-2 sp, ch 3, (dc, ch 2, 2 dc) in same sp, ★ † ch 5, skip next dc Cluster and next ch, work dc Cluster in next ch, ch 3, skip next dc Cluster, work dc Cluster in next ch, ch 5, skip next ch-2 sp, (2 dc, ch 2, 2 dc) in next ch-2 sp, ch 4, skip next ch-4 sp, sc in next ch-3 sp, (ch 3, sc in next ch-3 sp) 5 times, ch 4, skip next ch-4 sp †, (2 dc, ch 2, 2 dc) in next ch-2 sp; repeat from ★ 6 times **more**, then repeat from † to † once; join with slip st to first dc: 96 sps.

Rnd 17: Slip st in next dc and in next ch-2 sp, ch 3, (dc, ch 2, 2 dc) in same sp, ★ † ch 7, skip next ch-5 sp, work dc Cluster in center ch of next ch-3, ch 7, skip next ch-5 sp, (2 dc, ch 2, 2 dc) in next ch-2 sp, ch 4, skip next ch-4 sp, sc in next ch-3 sp, (ch 3, sc in next ch-3 sp) 4 times, ch 4, skip next ch-4 sp †, (2 dc, ch 2, 2 dc) in next ch-2 sp; repeat from ★ 6 times **more**, then repeat from † to † once; join with slip st to first dc: 80 sps.

Rnd 18: Slip st in next dc and in next ch-2 sp, ch 3, (dc, ch 2, 2 dc) in same sp, ★ † ch 4, work dc Cluster in center ch of next ch-7, ch 4, skip next dc Cluster, sc in next ch, ch 4, skip next 2 chs, work dc Cluster in next ch, ch 4, (2 dc, ch 2, 2 dc) in next ch-2 sp, ch 4, skip next ch-4 sp, sc in next ch-3 sp, (ch 3, sc in next ch-3 sp) 3 times, ch 4, skip next ch-4 sp †, (2 dc, ch 2, 2 dc) in next ch-2 sp; repeat from ★ 6 times **more**, then repeat from † to † once; join with slip st to first dc: 88 sps.

Rnd 19: Slip st in next dc and in next ch-2 sp, ch 3, (dc, ch 2, 2 dc) in same sp, ★ † ch 5, skip next 2 dc and next 3 chs, work dc Cluster in next ch, ch 3, skip next dc Cluster, work dc Cluster in next ch, ch 7, skip next sc and next 3 chs, work dc Cluster in next ch, ch 3, skip next dc Cluster, work dc Cluster in next ch, ch 5, (2 dc, ch 2, 2 dc) in next ch-2 sp, ch 4, skip next ch-4 sp, sc in next ch-3 sp, (ch 3, sc in next ch-3 sp) twice, ch 4, skip next ch-4 sp †, (2 dc, ch 2, 2 dc) in next ch-2 sp; repeat from ★ 6 times **more**, then repeat from † to † once; join with slip st to first dc.

Rnd 20: Slip st in next dc and in next ch-2 sp, ch 3, (dc, ch 2, 2 dc) in same sp, ★ † ch 5, skip next 2 dc and next 4 chs, work dc Cluster in next ch, ch 2, work dc Cluster in center ch of next ch-3, ch 2, skip next dc Cluster, work dc Cluster in next ch, ch 5, skip next 5 chs, work dc Cluster in next ch, ch 2, work dc Cluster in center ch of next ch-3, ch 2, skip next dc Cluster, work dc Cluster in next ch, ch 5, (2 dc, ch 2, 2 dc) in next ch-2 sp, ch 4, skip next ch-4 sp, sc in next ch-3 sp, ch 3, sc in next ch-3 sp, ch 4, skip next ch-4 sp †, (2 dc, ch 2, 2 dc) in next ch-2 sp; repeat from ★ 6 times **more**, then repeat from † to † once; join with slip st to first dc: 96 sps.

Rnd 21: Slip st in next dc and in next ch-2 sp, ch 3, (dc, ch 2, 2 dc) in same sp, ★ † ch 8, skip next dc Cluster and next ch, work dc Cluster in next ch, ch 2, skip next dc Cluster, work dc Cluster in next ch, ch 9, skip next 2 dc Clusters and next ch, work dc Cluster in next ch, ch 2, skip next dc Cluster, work dc Cluster in next ch, ch 8, skip next ch-5 sp, (2 dc, ch 2, 2 dc) in next ch-2 sp, ch 4, skip next ch-4 sp, sc in next ch-3 sp, ch 4, skip next ch-4 sp †, (2 dc, ch 2, 2 dc) in next ch-2 sp; repeat from ★ 6 times **more**, then repeat from † to † once; join with slip st to first dc: 72 sps.

Rnd 22: Slip st in next dc and in next ch-2 sp, ch 3, (dc, ch 2, 2 dc) in same sp, ★ † ch 9, skip next dc Cluster and next ch, work dc Cluster in next ch, ch 12, skip next 2 dc Clusters and next ch, work dc Cluster in next ch, ch 9, skip next ch-8 sp, (2 dc, ch 2, 2 dc) in next ch-2 sp, ch 4, skip next ch-4 sp, sc in next sc, ch 4, skip next ch-4 sp †, (2 dc, ch 2, 2 dc) in next ch-2 sp; repeat from ★ 6 times **more**, then repeat from † to † once; join with slip st to first dc: 56 sps.

Rnd 23: Slip st in next dc and in next ch-2 sp, ch 3, (dc, ch 2, 2 dc) in same sp, ★ † ch 7, sc in next ch-9 sp, ch 7, (skip next dc Cluster, sc in next ch, ch 7, sc in same sp, ch 7) twice, (2 dc, ch 2, 2 dc) in next ch-2 sp, ch 4, skip next ch-4 sp, sc in next sc, ch 4, skip next ch-4 sp †, (2 dc, ch 2, 2 dc) in next ch-2 sp; repeat from ★ 6 times **more**, then repeat from † to † once; join with slip st to first dc: 80 sps.

Rnd 24: Slip st in next dc and in next ch-2 sp, ch 3, (dc, ch 2, 2 dc) in same sp, ch 8, (sc in next ch-7 sp, ch 8) 6 times, (2 dc, ch 2, 2 dc) in next ch-2 sp, skip next 2 ch-4 sps, ★ (2 dc, ch 2, 2 dc) in next ch-2 sp, ch 8, (sc in next ch-7 sp, ch 8) 6 times, (2 dc, ch 2, 2 dc) in next ch-2 sp, skip next 2 ch-4 sps; repeat from ★ around; join with slip st to first dc: 64 dc and 72 sps.

Rnd 25: Slip st in next dc, ch 1, sc in same st, 2 sc in next ch-2 sp, skip next dc, sc in next dc, 8 sc in each of next 7 ch-8 sps, skip next dc, sc in next dc, 2 sc in next ch-2 sp, ★ (skip next dc, sc in next dc) twice, 2 sc in next ch-2 sp, skip next dc, sc in next dc, 8 sc in each of next 7 ch-8 sps, skip next dc, sc in next dc, 2 sc in next ch-2 sp; repeat from ★ around to last 3 sts, skip next dc, sc in next dc, skip last st; join with slip st to first sc, finish off.

See Washing and Blocking, page 1.